KB022900

두려움을 이기는 습관

이 책은 나폴레온 힐 재단에서 나폴레온 힐의 이론을 편집하여 펴낸 책입니다.

Napoleon Hill

나폴레온 힐 지음 | 이미정 옮김

부와 성공을 부르는 나폴레온 힐의 인생 처방전

두려움을 이기는 습관

Freedom From Your Fears

니들북

사람들이 내면의 힘을 깨달아 좌절감과 두려움을 극복해야 할 때가 있다면, 그건 바로 지금이다. 너무 큰 두려움이 사방에 만연해 있고, 너무 많은 사람들이 우울증에 대해 말하고 있다. …세상 모든 사람들이여, 원치 않는 일 따위를 생각할 시간이 없다. 원대하고 중대하고 명확한 목표에 정신을 집중하라.

_ **나폴레온 힐,**
《Maker of Miracle Men》, 1952년

Contents

Chapter 1 두려움은 사고방식의 문제

성공을 부르는 사고방식 12
금맥을 1미터 앞두고 돌아서다 18
전례 없는 시대의 대처법 20
'또 다른 자아'를 찾아라 23

Chapter 2 일시적인 패배 속에 깃든 기회

폭풍 속의 씨앗 33
신념의 길을 선택하라 38

Chapter 3 두려움과 걱정의 실체

취약성을 무시하지 말고 드러내라 51
두려움의 일곱 가지 유령들 54

Chapter 4 힘의 물결

습관을 통제하라 75

"내 생각은 부와 성공을 향해 흐른다" 80

Chapter 5 마스터마인드 활용법

번영을 가져다주는 조력 관계 88

부록 1. 신념과 두려움에 관한 명언 94

부록 2. 자기분석 설문지 97

나는 부정적 영향력에 얼마나 쉽게 전염되는가?

상황을 통제하기 전에

먼저 자신을 통제해야 한다.

_나폴레온 힐

Chapter

1

Napoleon Hill

두려움은 사고방식의 문제

두려움보다 더 파괴적인 감정은 없다. 두려움에 사로잡히면 발밑의 땅이 꺼지는 것처럼 느껴지고 통제력을 잃어버리는 악순환에 빠진다. 자신과 세계에 의구심을 품을 수도 있다. 두려움은 잠재의식 깊숙한 곳에 뿌리 내려 당신의 주된 생각들을 어둡게 물들이고, 인식을 변질시키며, 결국에는 행동에도 영향을 미친다. 하지만 두려움은 단순한 감정에 불과하다. 무조건 해로운 것이 아니라 이로운 것으로 바꾸고 다스릴 수 있는 감정이다.

많은 이들이 알고 있다시피, 나폴레온 힐의 이정표와 같은 책들은 세계 대전과 불황으로 낙담과 마비 상태에 빠진 한 세대를 구해냈고, 수많은 백만장자들과 영향력 있는 인사들을 양산했다. 또한 관점을 넓혀서 인생에 대한 통제권을 되찾을 수 있도록 도왔다.

그의 사상의 핵심적인 질문은 이것이다. 패배가 최종적인 것인가, 일시적인 것인가? 두려움에 사로잡혀 꿈을 버릴 것인가? 아니면 두려움을 연료로 삼아 꿈을 끈질기게 추구해 나갈 것인가? 그 차이를 가르는 것이 바로 관점이다.

패배가 최종적인 것인가,

일시적인 것인가?

이 둘의 차이를

가르는 것이 관점이다.

성공을 부르는
사고방식

사람들은 난관에 부딪히면, 대개 이런 생각을 한다. 그들이 '성공'할 수 있었던 건 자신만큼 힘든 길을 걷지 않아서라고. 성공이라는 결과물만 보면서 다른 사람들은 '운이 좋았다'고 분노하고, 자신은 '운이 나빴다'고 한탄한다. 우유부단하고 패배에 고개 숙이는 사람은 자신이 통제할 수 없는 '운명'이나 상황 때문에 그렇게 됐다고 말하지만, 사실 그것은 뿌리 깊이 박힌 두려움을 숨기려는 핑계에 불과하다. 나폴레온 힐은 그처럼 편협한 관점을 깨부순다.

성공한 사람들은 보통 '운이 좋다'는 소리를 듣는다. 물론 그들이 운이 좋은 것은 사실이다. 하지만 그들이 가진 '운'은 긍정적인 사고방식으로 키워낸 내면의 신비한 힘에서 나온 것이다. 두려움과 제약이 아니라 신념의 길을 따르겠다는 결정에 의해서 말이다.

내면의 힘은 현실을 영구적인 장애물로 생각하지 않는다. 그것은 패배를 더욱더 노력하는 도전으로 바꿔놓고, 두려움과 의심처럼 스스로 초래한 제약을 무너뜨린다. 무엇보다도 내면의 힘은 인생에 지울 수 없는 오점을 남기지 않도록 해준다. 또한 내면의 힘은 어제의 실패에 짓눌리지 않도록 해주며, 개인적 성취 기회를 매일 제공해 준다. 인종이나 특정 신조에 따라 달라지지 않으며, 가난하게 태어났으니 가난하게 살아야 한다는 독단적 일관성에 구애받지 않는다.

나폴레온 힐은 25년 동안 500여 명이 넘는 성공한 미국 기업가와 사상가를 인터뷰하고 연구했다. 그 결과 뛰어난 성취를 보인 사람들 모두 심각한 좌절을 겪었다는 사실을 발견했다. 패배했거나 보통에 머문 사람과 '성공'한 사람을 가르는 기준은 교육과 인맥, 돈과 같은 개인적 이점이 아니었다. 역경을 끈기 있게 헤쳐나가고 명확한 목표를 한결같이 추구하느냐가 그 차이를 가르는 관건이었다. 결국은 한 가지 핵심 요소, 즉 사고방식이 모든 것을 결정지었다. 이런 연구 결과 덕택에 '생각이 결과를 이끌어낸다'는 나폴레온 힐 고유의 성공 철학이 탄생할 수 있었다.

대륙횡단철도를 건설한 철도회사 대표 제임스 J. 힐

James J. Hill, 위대한 철강왕 앤드루 카네기Andrew Carnegie, 자동차 산업의 선구자 헨리 포드Henry Ford, '라디오의 아버지' 리 디포리스트Lee De Forest, 유명한 발명가 토마스 에디슨Thomas A. Edison. 이들은 누가 봐도 천재성과 엄청난 운을 타고난 사람들로 존경받는다. 하지만 힐은 천재성이란 타고나는 자질이 아니라고 말한다. 그보다는 모두가 받아들여서 사용할 수 있는 '내면의 힘'을 이용한 것에 지나지 않는다며, 다음과 같이 설명했다.

"위대한 인물들이 무엇을 성취했는지는 모두가 잘 알고 있다. 하지만 안타깝게도 그들이 견뎌내야 했던 불리한 조건들과 극복해야 했던 장애물, 끝까지 포기하지 않고 자신의 일을 해냈던 긍정적인 신념은 보지 못한다. 그들의 성취는 그들이 헤쳐나가야 했던 역경과 정확하게 비례함을 기억하라."

신념과 자기확신, 창의성. 서로 밀접하게 관련된 이 세 가지 자질은 긍정적인 사고방식에서 나온다. 긍정적인 사고방식은 세계적으로 성공한 이들의 삶을 이끈 결정적인 자질이다. 이에 대해서 힐은 이렇게 말했다.

"어떤 사람들은 높은 지위까지 오르고, 어떤 사람들은 극빈자의 삶으로 추락한다. 이처럼 천차만별로 달라지는 삶의 양상은 그들 각자의 사고방식에 영향받았을 가능성이 크다. 높은 지위의 사람은 신념이라는 길을 선택했고, 낮은 지위의 사람은 두려움이라는 길을 선택했다. 교육과 경험, 개인적 기술은 이차적인 문제다."

극한 어려움에 처했을 때는 낙담하기 쉽고, 두려움과 걱정, 의심에 휩싸이기 일쑤다. 특히 공포와 수동성을 먹고 자라 그와 똑같은 것을 재양산하는 사회적 잡음에 둘러싸여 있을 때는 그 어려움이 가중된다. 언론과 비관론자들뿐만 아니라 심지어는 사랑하는 사람들이 떠들어대는 잡다한 소리에 짓눌려 자신의 목표에서 멀어지고, 자신의 능력을 의심하고, 자신의 직관을 불신하고, 아무런 행동도 취하지 못한다. 지속적으로 쏟아지는 부정성에 노출되면 무기력해지고, 무기력은 최악의 사태만 곱씹는 악순환을 낳는다. 종국에는 인간의 가장 중요한 원천인 '정신'이 스스로를 해친다. 반면에 생각을 통제하면 인생을 통제할 수 있고, 윌리엄 어니스트 헨리William Ernest Henley의 시에서 말하는 '운명의 주인'이 될 수 있다.

생각을 통제하는 출발점은 역경을 바라보는 관점을 재설정하는 것이다. 실패하는 이유는 일시적인 패배 앞에서 포기했기 때문일 뿐, 그 외에 다른 이유는 없다. 힐의 말을 빌자면 "패배를 현실로 인정할 때까지는 패배한 것이 아니다." 패배는 어긋난 계획이라는 형태로 나타나 실패라는 탈을 뒤집어쓴다. 자기확신과 신념이 부족한 사람들은 패배를 극복할 수 없는 최종적인 것으로 받아들인다. 하지만 진정한 위대함은 일시적인 패배 저편에 있다. 그곳으로 넘어간 사람들은 역경 극복 과정에서 얻은 힘과 독창성, 의지가 그 무엇과도 비할 바 없이 가치 있는 것임을 잘 알고 있다. 힐이 인터뷰했던 500명이 넘는 성공한 사람들 역시 "패배가 엄습한 그 자리에서 한 발짝 넘어선 곳에 위대한 성공이 기다리고 있었다"고 입을 모아 말했다.

진정한 위대함은

일시적인 패배 저편에 있다.

금맥을 1미터 앞두고 돌아서다

힐은 자신의 저서에서, 금광맥을 1미터 앞두고 포기한 금광 탐사자 R.U. 더비Darby의 이야기를 통해 '집요함', 즉 역경에도 불구하고 자신의 목표를 끈질기게 추구하는 능력의 가치를 설명한 바 있다.

더비의 삼촌은 골드러시에 합류해 서쪽으로 갔다가 금을 찾아냈다. 하지만 채굴 장비가 부족했고, 이에 더비와 동업하기로 한 뒤 친척들과 이웃들에게 돈을 빌렸다. 자금을 모아서 필요한 장비를 구입한 더비와 그의 삼촌은 금광으로 돌아가 차 한 대 값어치의 금을 채굴했지만, 그 이상의 금맥을 찾지 못했다. 좌절감에 빠진 그들은 고작 몇 백 달러에 채굴 장비를 고물상에게 팔았다.

고물상은 광산 기술자를 고용했는데, 광산 기술자는 금맥이 종종 단층선을 따라 형성된다는 사실을 이전 사람들이 몰랐을 거라고 말해주었다. 실제로 광산 기술자는 더비 일행이 채굴을 중단했던 곳에서 겨우 1미터 더 파고 내려간 지점에서 금맥을 발견했다. 고물상은 겉으로 드러난 패배에 좌절하지 않고 전문가의 조언을 구한 덕분에 수백만 달러 가치의 금맥을 발견한 것이다.

다행히 더비 역시 자신의 불운에 좌절하지 않고 그 실패의 경험을 거름으로 삼아 보험회사에서 성공을 거두었다. 그는 끈기와 열망, 명확한 목적으로 똘똘 뭉친 생각이 부의 진정한 원천이라는 사실을 깨달았고, 매년 수백만 달러 가치의 생명보험을 판매할 수 있었다. 힐이 인터뷰했던 사람들의 말처럼, 패배가 엄습한 그 자리에서 한 발짝 넘어서야만 위대한 성공을 거머쥘 수 있다는 사실을 깨달은 덕분이었다.

더비의 이야기를 염두에 둔다면, 우주의 메시지를 받아들이고 재구성해서 되돌려 보내는, 인간 정신의 놀라운 능력을 인정하지 않을 수 없을 것이다. 다음 장에서 좀 더 자세히 살펴보겠지만 이러한 재구성 능력은 집중력을 되찾아 줄 뿐만 아니라 끌림의 법칙을 유리하게 이용할 수 있도록 도와준다. 긍정적인 진동을 건설적인 생각이라는 형태로 내보내서 기회를 이끌어내고, 잠재의식을 동원해 상상력과 '무한한 지성Infinite Intelligence(우주를 통제하는 창의적 힘을 뜻하는 나폴레온 힐의 용어)'에 접속해서 열망을 현실로 바꿔놓는 명확한 행동 계획을 세우도록 해준다.

실패가 최종적인 것이 되어서는 안 된다. 더비는 처음에 실패에 굴복했지만 자신의 관점을 재구성한 결과, 뛰어난 보험 판매원이 되어 어마어마한 성공을 거둘 수 있었다. 너무나 심각해서 굴복할 수밖에 없는 그런 문제 상황은 없다. 생각의 힘을 이용해서 자신이 꿈꾸는 성공적인 삶을 적극적으로 건설해 나가기 시작하자. 설령 그런 시도를 하기 좋은 때가 아닌 것 같아 보여도 괜찮다. 힐은 대공황의 소용돌이 속에서 위기를 기회로 전환시킨 개인과 조직의 위대함을 깨우치고 이렇게 말했다. "실용적인 몽상가들에게 지금처럼 좋은 기회가 찾아온 적은 또 없다. 새로운 경주가 시작될 것이다. 이는 향후 10년 동안 축적될 엄청난 부가 걸린 경주이다."

전례 없는 시대의 대처법

나폴레온의 책 《Think and Grow Rich》의 1937년

초판은 '가난에 분노하는 남성과 여성을 위해'라는 부제를 달아서 출간 동기를 밝혔다. 힐은 특히 대공황의 여파로 힘들어 하는 사람들의 성공을 돕기 위해 그 책을 집필했다. 그는 책을 통해 자수성가한 미국 백만장자들의 기본적인 성공 원칙들을 소개했는데, 이를 통해 교육 수준이나 경험과 상관없이 누구나 명확한 목표를 세워서 엄청난 부를 거머쥘 수 있다고 강조했다. 힐의 글을 인용하면 아래와 같다.

"이 책은 미국 역사상 가장 길었고, 어쩌면 가장 파괴적이었을 불황의 끝 무렵에 집필됐다. 불황으로 상처받은 사람들, 재산을 잃은 사람들, 지위를 잃은 사람들, 계획을 재정비해서 재기해야 하는 많은 사람들이 이 책에 관심을 가질 것으로 추측된다. 나는 그 모든 사람들에게, 성취란 그 성격이나 목적과 상관없이, 명확한 뭔가를 간절하게 원하는 열망에서 시작되어야 한다는 사실을 알려주고 싶다."

힘든 시기를 겪고 있을 때는 희망을 품을 수 없을 것처럼 느껴진다. 이때 힐은 애써 희망을 찾지 말라고 한다. 희망과 소망을 품는다는 것은 신념과 행동이 부족하다는 뜻이다. 그 대신, 반드시 일어서서 명확한 핵심 목표를 성취할 것이라는 확실성에 생각을 집중시켜야 한다. 새로운 계획만 있으면 다른 것은 필요 없다. 열망의 결실을 시각적으로 그려보고, 잠재의식을 이용해 이미 갖고 있는 것을 활용하는 방법을 찾아낼 때 새로운 계획이 나온다. 인생을 살아가면서 간절하게 바라는 모든 것은 손을 뻗기만 하면 가질 수 있다. 두려움과 망설임에 손을 뻗지 못하고, 적절한 계획이 부족해서 얻지 못할 뿐이다.

힘든 시기에도 놀라운 기회들을 찾아낼 수 있다. 그냥 마음을 열고 관점을 넓히기만 하면 그 모든 기회를 알아볼 수 있다. 보통 사람들이 뒤로 물러나는 상황에서도 세계적으로 위대한 사람들은 정상의 위치에 우뚝 올라섰다. 힐은 한 연설에서 이렇게 말했다.

"세상에 큰 위기가 닥치면 언제나 그 위기를 종식시킬 방법을 들고 누군가 등장했다. 예컨대 에이브러햄 링컨Abraham Lincoln은 내적 갈등으로 나라가 조각날 위기에 처했을 때 등장했고, 링컨 이전에는 조지 워싱턴이 있었으며, 프랭클린 D. 루스벨트Franklin D. Roosevelt는 사람들이 공포에 사로잡혀서 돈을 인출하려고 은행으로 몰려들었던 시기에 나타났다."

이들은 두려움에도 흔들리지 않고 자신들의 명확한 목표를 추구해 나갔기 때문에 사람들의 기억 속에 남을 수 있었다. 이들은 자신들이 마주한 실패가 '실패를 가장한 기회'라고 생각했다. 또한 무기력과 불확실성, 위축감, 두려움에 굴복하기보다는 생각의 채널을 돌려 관점을 바꾸고자 했다.

'또 다른 자아'를 찾아라

고난과 역경은 실용적인 계획이라는 형태로 기회를 제공해 줄 뿐만 아니라 결의를 쌓아올리고 개인적인 힘을 얻을 수 있는 기회도 마련해 준다. 단, 이러한 기회들은 힐이 '또 다른 자아'라고 명명한 존재를 만났을 때에만 나타난다. 힐은 개개인의 내면에 2개의 자아가 존재한다고 생각했다.

그중 하나는 두려움과 의심, 가난, 질병에 사로잡혀 살아가는 부정적인 존재다. 이 자아는 이미 실패를 예상하고 있기 때문에 좀처럼 실망하지 않는다. 자신이 원하는 삶은 아니지만 받아들일 수밖에 없는, 가난과 탐욕, 미신, 두려움, 의심, 걱정, 질병에 시달리는 삶을 머릿속으로 그린다.

'또 다른 자아'인 나머지 하나는 부와 건강, 사랑, 우정, 개인적 성취, 창의적 비전, 타인을 위한 봉사를 생각하고, 그 모든 좋은 것들을 반드시 손에 넣을 수 있도록 이끌어주는 존재다.

위기의 순간에 또 다른 자아를 만나면 보통 인생의 전환점을 맞이한다. 자신이 느끼는 강렬한 감정들을 건설적인 신념으로 바꿔주는 놀라운 능력을 깨우쳐서, 성공 역학을 완전히 바꿔놓는 것이다. 두려움과 불확실성 같은 감정들은 그것을 인정하는 순간 성취의 연료가 될 수 있다. 힐은 대공황을 견뎌내는 사람들에게 아래와 같은 글을 남겼다.

"대공황 속에서 좌절하고 패배를 겪은 이들이여, 당

두려움은

당신의 사고방식을

뒤틀어서

그 모든 기회들을

빼앗아 간다.

신들은 심장이 으스러져 피가 흐르는 고통을 겪었다. 그렇더라도 용기를 가져라. 그 모든 경험은 당신들 영혼의 금속을 단련시켜서 비할 데 없이 가치 있는 자산으로 만들어줄 것이다.

기억하라, 인생에서 성공을 거둔 모든 이들은 출발이 좋지 않았고 가슴 찢어지는 역경을 수없이 헤쳐나와서야 정상에 '도달'했다. 성공한 이들의 전환점은 대체로 '또 다른 자아'를 만나는 위기의 순간에 찾아왔다."

역경에 부딪혀 고전할 때가 바로 이 세상에 당신의 흔적을 남길 시기다. 온갖 잡음을 뚫고 당신을 둘러싼 껍질들을 벗겨내서 또 다른 자아를 찾아내라. '또 다른 자아'는 당신에게 예정된 성공과 기쁨이 다가오기만을 기다리고 있다. 긍정적이고 자신만만한 마음가짐을 갖추었을 때야 비로소 당신의 열망을 현실로 바꿔줄 수단을 얻게 되며, 반면 두려움은 당신의 사고방식을 뒤틀어서 그 모든 기회들을 빼앗아 간다.

위대한 성공담의 주인공들과 무명으로 잊힌 사람들을 가르는 기준은 역경에 대처하는 방식이다. 두려움과 역경을 이용해서 꿈을 실현시켜 주는 보다 더 큰 추진력을 이끌어낼 것인가? 아니면 두려움과 역경에 질질 끌려 뒤처질 것인가? 지금이 바로 용기를 내야 할 때다. 뒤로 물러나서는 안 된다. 결론적으로 말해 "달라진 지금 이 세상에는 자신의 꿈을 행동으로 옮길 수 있고, 실제로 그렇게 할 실용적인 몽상가들이 필요하다."

이제 당신이 어떤 사람인지 세상을 보여줄 때가 왔다. 당신은 지금 인생의 전환점에 서있다.

달라진 지금

이 세상에는

자신의 꿈을

행동으로 옮길 수 있고,

실제로 그렇게 할

실용적인 몽상가들이

필요하다.

두려움 극복 프로젝트

'또 다른 자아'의 관점에서 다음 질문들에 대해 답해보자.

Q. 인생에서 무엇을 원하는가?

Q. 당신에게 예정된 위대함은 무엇인가?

모든 실패는 그에 상응하는
이득의 씨앗을 품고 있다.

_나폴레온 힐

Chapter

2

Napoleon Hill

일시적인 패배 속에 깃든 기회

1장에서는 두려움이 성공 요인이 되느냐 실패 요인이 되느냐를 결정짓는 사고방식의 중요성을 강조했다. 이제 이 장에서는 성공의 심리학을 좀 더 깊이 파고들어서 두려움이라는 유령을 물리치도록 돕는 자기확신과 신념에 대해 이야기하고자 한다.

두려움은 물질적 부든 직업적 성공이든 지적 발달이든 관계 행복이든, 우리가 꿈꾸는 모든 것들을 진정으로 추구하지 못하게 만든다. 하지만 모든 역경이 개인적 성장과 직업적 성장의 기회를 품고 있다는 사실을 깨우치면, 그것들을 유익하게 받아들일 수 있다. 이러한 관점 전환으로 성공 의식이 자리 잡으면, 힘든 시기를 겪을 때 우주가 보내는 기회들을 포착할 수 있다.

폭풍 속의 씨앗

힐은 자신의 철학에 대해 '패배를 기회의 디딤돌로 바꾸는 기술'이라고 묘사한 바 있다. 힐은 또한 '기회'에 대해 이렇게 설명했다. "기회는 뒷문으로 몰래 들어오는 습관이 있고, 종종 불운이나 일시적인 패배로 위장하고 찾아온다. 그 때문에 많은 사람들이 기회를 알아차리지 못한다."

대부분의 사람들은 역경에 처했을 때 두려움과 운명론, 자기연민에 사로잡힌다. 부정적인 생각에 집중해서 인생의 부정적인 요소들을 증폭시키고, 더 많은 문제를 불러일으키며, 명확한 핵심 목표를 향해 나아가지 못한다. 이러한 실패 의식은 지속적인 패배로 가는 지름길이다. 우리의 잠재의식이 제약과 장애를 집중적으로 인지해서 실현시키기 때문이다. 힐은 관점 전환에 대해 아래와 같은 귀중한 조언을 던진다.

"누구나 실망감을 느끼고 일시적 패배를 경험한다. 이전 세대가 그러했듯이, 전쟁이나 불황 같은 집단적 비극이 발생하면 전 세대가 영향을 받는 것도 사실이다.

하지만 지난 50년 동안 내가 발전시켜 온 성공 철학의 또 다른 진실을 여기서 밝히고 싶다. 그것은 바로 모든 역경은 그에 상응하는 이득의 씨앗을 품고 있다는 것이다. 다시 한번 강조하고 싶다. 모든 역경은 그에 상응하는 이득의 씨앗을 품고 있다."

성공의 정점에 도달한 사람은 모두 일시적 패배를 경험했지만 결국에는 오랫동안 역경을 버텨내면서 긍정적인 면을 찾아냈다. 그들은 두려움과 좌절감이 파괴적인 것이 아니라 적절하게 이용하면 성공의 연료가 될 수 있다는 사실을 깨달았다. 〈하버드 비즈니스 리뷰 Harvard Business Review〉의 한 기사에 따르면 "기업가들에게 용기란 두려움의 부재가 아니라 두려움을 안고서도 계속 해내는 능력이다." 힐이라면 모든 실용적인 몽상가들도 마찬가지라고 덧붙였을 것이다.

전화기를 발명한 알렉산더 그레이엄 벨Alexander Graham Bell도 그런 몽상가였다. 벨은 1857년에 청각장애인들에게 더 나은 표준 영어 지시문을 제공해 주려고 포노

토그래프phonautograph라는 기계를 개량하는 실험을 했다. 그렇게 탄생한 벨의 발명품이 교육 자원이라는 본래의 목적을 달성하지는 못했지만 전화기 발명의 길을 열었다. 벨이 귀의 고막 구조를 파악해서 이를 이용한 음향 기술을 개발했기 때문이다. 이렇게 한 번의 작은 실패가 세상을 뒤바꿀 대단히 중요한 발명으로 이어졌다. 만약 벨이 자신의 소리 기록 장치에 실망하고 음향 실험을 중단했다면 어떻게 됐겠는가!

이와 비슷하게 마이클 조던Michael Jordan도 실패가 더 큰 성공의 원천이자 투지와 독창성으로 두각을 드러낼 수 있는 기회임을 보여주었다. 추종을 불허하는 농구 선수 마이클 조던은 고등학교 2학년 때 1군 팀에 들지 못했다. 그럼에도 패배를 최종적인 것으로 생각하지 않고 2군 팀에서도 쉼 없이 기술을 갈고닦았다. 그리하여 이듬해에 1군 팀에 들어갔을 뿐만 아니라 역대 최고의 농구 선수가 되었다. 또한 그는 눈을 감은 채 자기 이름이 없는 1군 선수 명단을 떠올리면서 그 두려움을 연료로 삼아 다른 선수들보다 더 열심히 연습했다. 다시 한번 말하지만 성공은 종종 두려움과 실패의 저편에 있다. '모든 실패는 그에 상응하는 이득의 씨앗을 품고 있기' 때문이다.

힐은 심지어 대공황조차도 기업가 정신과 긍정적인 마음가짐으로 무장한 사람들에게는 이로울 수 있다고 생각했다. 여러 가지 면에서 대공황은 공평한 경쟁의 장을 마련해 주었고, 덕분에 누구나 성공할 수 있는 가능성이 열렸다는 것이다. 힐은 이런 글을 남겼다. "'불황'은 축복의 또 다른 모습이었다. 불황으로 전 세계가 새로운 출발점에 섰고, 모두가 새로운 기회를 얻었다." 힐은 끔찍한 역경도 발전 기회로 재해석할 수 있다는 사실을 강조하고 싶어 했다.

역경에 굴복할 것인가, 역경을 기회로 전환시킬 것인가? 그것은 당신의 선택에 달렸다. 하지만 두려움과 실패의 굴레에서 행운의 굴레로 바꾸려면 반드시 필요한 것이 하나 있다. 그것은 바로 신념이다.

역경에 굴복할 것인가,

역경을 기회로

전환시킬 것인가?

그것은 당신의 선택에

달렸다.

신념의 길을
선택하라

신념은 파괴적인 두려움으로부터 정신을 보호해 준다. 헬렌 켈러Hellen Keller는 이렇게 말했다. "열정적인 신념은 두려움을 모른다. 그것은 절망을 거부한다."

뭔가 가치 있는 일을 하고 있다면 반드시 일시적인 패배에 직면하게 되는데, 이때는 신념과 두려움 중 하나를 선택해야 한다. 두려움과 신념은 공존할 수 없기 때문이다. 힐은 이렇게 설명한다.

"인생에서 위기에 처하면 갈림길에 서게 되는데, 이때 우리는 신념의 길과 두려움의 길 중에서 어디로 갈지 선택해야 한다. 그렇다면 대다수의 사람들이 두려움의 길을 택하는 이유는 뭘까? 선택은 오직 그 사람의 마음가짐에 달려있다.

신념의 길을 택한 사람은 정신을 단련시켜서 신념을 키워왔다. 일상생활에서 용기 있는 결정들을 즉각적으로 내리며 조금씩 정신을 단련시킨 것이다. 반면 두려움의 길을 택한 사람은 정신을 긍정적으로 단련시키는 일을 소홀히 했기 때문에 그런 선택을 했다."

두려움에 점철된 삶을 살아갈지, 아니면 적극적으로 신념을 쌓아나갈 것인지는 선택할 수 있는 문제다. 물론 사람에 따라 긍정적인 생각과 자기확신이 강한 사람들도 분명 있지만, 그런 이들조차 자기암시적 내적 대화로 긍정적 신념을 꾸준히 강화할 필요가 있다. 우리를 둘러싼 잡음은 내적으로나 외적으로 지나치게 많기 때문에, 의식에 침입하는 감각 자극이 잠재의식에 도달하기 전에 걸러내야 한다. 잠재의식에 도달한 생각들은 행동의 청사진이 된다.

그러므로 우리는 의식에 침입하는 부정적인 생각들과 그로 인해 경험하는 부정적인 감정들을 인지해서 성공의 연료로 재사용할 수 있어야 한다. 힐의 주장에 따르면 안타깝게도 "대부분의 사람들이 강력한 감정들을 건설적인 꿈으로 바꾸는 기술을 배우지 못했다." 오직 남다른 부와 영향력, 혹은 능력을 갖춘 사람들만이 두려움 같은 감정들이 잠재의식에 도달해 행동으로 나타나기 전에 이를 인지해 왔다. 우리는 간절하게 바라는 것은 무엇이든 얻을 수 있거나 이미 자신의 것이라고, 그리고 실용적인 계획을 세워서 실행하기만 하면 원하는 것을 가질 수 있다고 우리의 정신을 단련해야 한다.

두려움이 아니라 신념을 갖고 역경을 마주한다면, 그리고 고난을 새로운 아이디어 창출의 수단으로 이용한다면, 일반적인 상황에서 이룰 수 있는 것보다 훨씬 크나큰 성공을 거둘 수 있다. 힐은 이렇게 단언했다. "신념은 모든 건설적 노력의 시발점이고, 두려움은 파괴적인 노력의 시초라는 사실을 전 세계가 알아야 한다."

신념은 물질적 이득과 인맥, 교육으로 성취할 수 없는 것을 가져다준다. 힐은 돈과 같은 유형적 자원들의 한계를 일찌감치 경험했다. 대공황 당시에 거래 은행이 문을 닫았을 때 힐이 깨달은 사실은 아래와 같았다.

"신념은 세상의 모든 돈을 다 끌어모아도 안 되던 것을 이룰 수 있게 해준다. 재정적으로 풍족했을 때 나는 돈이 곧 힘이라고 믿는 통탄스러운 실수를 저질렀다. 하지만 지금은 신념 없이 번 돈은 아무런 힘도 없는 금속에 불과함을 알게 됐다."

나중에는 이렇게 덧붙였다.

“거래 은행이 파산했지만 신념을 갖고 있기 때문에 나는 여전히 대부분의 백만장자들보다 훨씬 더 부유하다. 이러한 신념으로 다른 은행 계좌들을 늘려나갈 수 있고, ‘문명화’라는 대혼란 속에서 살아남기 위해 필요한 것은 무엇이든 얻을 수 있다. 그렇다, 나는 내 안에서 모습을 드러내는 힘의 원천에 의존하기 때문에, 대부분의 백만장자들보다 훨씬 더 부유하다. 반면 대부분의 백만장자들은 주식의 힘에 의존할 뿐이다.”

힘의 원천은 당신의 손이 닿지 않는 저 멀리 있는 것이 아니다. 그러므로 상황상 어쩔 수 없다는 핑계를 대며 두려움에 굴복하지 않도록 하자. 다음 소개하는 ‘신념을 키우는 다섯 가지 공식’은 나폴레온 힐이 처음 확립한 것으로, 이를 이용해서 꿈을 이루기 위한 신념을 키워나갈 수 있다. 힐은 이렇게 주장했다. “신념은 실패를 치유하는 유일한 해독제다!”

신념을 키우는 다섯 가지 공식

1. 나는 명확한 핵심 목표를 달성할 수 있을 뿐만 아니라 달성할 것이다. 그러기 위해서 끝임없이 행동하겠다고 다짐한다.
2. 나의 주된 생각들은 현실로 실현될 것이다. 이 사실을 유념하면서 매일 30분씩 집중하여 내가 가장 되고 싶어 하는 사람과 그 소망이 실현된 내 삶을 마음속으로 그려본다.
3. 무엇이든 내가 간절하게 바라는 열망은 물질적 형태로 실현된다. 이 사실을 유념하면서 매일 10분씩 '나는 자기확신이 있는 사람이다'라는 생각을 나의 잠재의식에 불어넣겠다.
4. 내 인생의 명확한 핵심 목표를 적는다. 그리고 그 목표를 달성하기 위한 노력을 멈추지 않겠다고 다짐한다.
5. 나는 온힘을 다해서 인간애를 품고, 증오, 시기, 질투, 이기심, 냉소와 같은 저급한 감정들을 용납하지 않겠다. 남에게 봉사하는 것이 협력자를 얻어 성공하는 가장 확실한 방법임을 깨달아, 다른 사람

들에게 이롭지 않은 기회는 거절하겠다.

하루에 한 번씩 이 공식을 큰소리로 읽으면 크나큰 번영과 마음의 평온, 그밖의 다른 귀한 인생의 자산을 얻을 수 있다. 이뿐만 아니라 역경은 올바른 관점에서 바라볼 때 이로운 것이 된다는 확실한 깨달음도 손에 넣을 수 있다.

역경은

올바른 관점에서

바라볼 때

이로운 것이 된다.

두려움 극복 프로젝트

두 칸짜리 표를 하나 그려보자. 왼쪽 칸에는 현재 직면하고 있는 모든 역경을 기록한다. 당신의 꿈을 행동으로 옮기지 못하게 가로막는 두려움도 적어 넣는다. 오른쪽 칸에는 그 모든 역경 속에서도 찾을 수 있는 기회들을 브레인스토밍해서 기록한다.

사람의 가장 흔한 약점은
다른 사람들의 부정적인 영향력에
마음을 활짝 열어놓는 습관이다.

_나폴레온 힐

Chapter

3

Napoleon Hill

두려움과 걱정의 실체

"두려움은 세상 그 무엇보다 수많은 사람들을 무너뜨린다." 그런 까닭에 두려움의 힘을 약화시키는 능력은 성공과 실패, 행복과 불행을 좌우할 수 있고, 실제로도 종종 그렇다.

힐은 두려움이 성공에 치명적인 바이러스와 같다고 여겼고, 자신의 책에서 '두려움 바이러스fearenza'라고 표현하기도 했다. 그만큼 두려움은 창의성과 근면성을 파괴할 때까지 계속해서 증식한다. 두려움의 독성은 두려움에 사로잡힌 사람에게만 영향을 미치는 것이 아니다. 그것은 놀랍도록 전염력이 강해서 주변 사람들에게 널리 퍼져나간다. 일단 두려움에 사로잡혔다 하면 벗어나기가 극히 어려울 수 있다. 왜냐하면 그것은 잠재의식에 뿌리를 내리고 걱정의 운무에 감춰져 있기 때문이다.

일시적인 패배에 직면해서 두려움에 휩싸이면 아주 끔찍한 결과로 이어질 수 있다. 특히 그 두려움이 널리 퍼져나갈 때는 더욱 그렇다. 힐은 그 때문에 대공황의 부정적인 결과들이 더욱 악화되었다고 말한다. 또한 자신의 저서에서 이런 글을 남겼다. "최근의 경기 불황으로,

전 세계는 신념 부족이 기업에 미치는 영향을 목격할 기회가 많았다." 힐은 이어서 이렇게 설명했다. "널리 확산된 공포가 산업과 기업의 바퀴를 멈춰 세울 거라는 증거가 널려있다." 두려움이 심화되면, 수백만 명의 삶과 신념을 파괴하면서 경제 시스템마저 멈춰 세울 수 있다. 이러한 부정적 감정은 대공황 당시에 재정적 불안의 불길에 부채질을 했다. 이 사실을 깨달은 힐은 프랭클린 D. 루스벨트Franklin D. Roosevelt의 유명한 취임 연설에 영감을 불어넣었다. 루스벨트는 취임 연설에서 이렇게 말했다. "우리가 두려워해야 할 단 한 가지는 두려움 그 자체이다." 실제로 두려움은 아주 은밀하게 퍼져나가기 때문에 힐은 '두려움에서 자유로운 상태'를 인생의 열두 가지 자산 중 네 번째로 꼽았다. 힐은 두려움에 대해 이렇게 말했다. "아무것도 두려워하지 않는 사람이 자유로운 사람이다! 두려움은 악의 전령이다. 어디든 두려움이 나타났다 하면 즉각 제거해야 보다 더 완전한 의미의 부자가 될 수 있다."

하지만 치료법이 있으니 절망하지 말기 바란다. 그 치료법에 대해서는 다음 장에서 자세히 설명하겠다. 그 전에 먼저 두려움의 실체를 들여다보자. 가장 보편적인 일곱 가지 두려움과 너무나 사악해서 힐이 '악마'라고 이름 붙인 여덟 번째 파괴적 요인이 무엇인지 정확하게 살펴보겠다.

취약성을 무시하지 말고 드러내라

힐은 《The Master-Key to Riches》에서 이런 의문을 제기했다.

"두려움은 분명 사람의 정신을 파고 들어가 내면의 힘을 차단시킨다. 그런데 그런 두려움을 인지해서 활용하면 가장 뛰어난 성취를 가져다준다니 참으로 이상하지 않은가? 또한 전 세계 대다수의 사람들이 어쩌다가 내면의 힘을 파괴하는 최면 리듬에 홀려 희생자가 되었단 말인가? 그 리듬을 어떻게 끊어낼 수 있을까?"

여기서 힐이 언급한 것은 '우주적 습관의 힘Cosmic Habitforce'이다. 우주적 습관의 힘은 건설적이거나 파괴적인 생각에 따라서 좋거나 나쁜 결과를 이끌어낼 수 있다. 잠재의식은 당신의 주된 생각들(자발적이거나 비자발적인 생각들)을 실현시켜서 좋거나 나쁜 결과를 이끌어내는 놀라운 힘을 지니고 있다. 그렇기 때문에 기본적인 일곱 가지 두려움보다 훨씬 더 해롭고, 인간으로서

직면할 수 있는 가장 사악한 '악마'는 '부정적인 영향력에 전염되기 쉬운 마음'이다. 이 장을 열면서 소개한 나폴레온 힐의 다음 명구를 명심하기 바란다. "사람의 가장 흔한 약점은 다른 사람들의 부정적인 영향력에 마음을 활짝 열어놓는 습관이다." 다른 사람들의 부정적이고 잘못된 생각에 쉽게 영향받으면 최면에 걸린 것과 똑같은 결과가 나타난다. 구체적으로 말하자면 무기력해지고, 아무것도 하지 않거나 광분하는 자기파괴적인 행동을 일삼게 된다. 결국에는 파괴적인 생각들이 잠재의식에 뿌리박히고 잠재의식의 도움을 받아 현실이 된다.

이 해로운 성향에 맞서 싸우려면 잠재의식 주변에 방어벽을 쌓아올리고 파괴적인 메시지들이 잠재의식에 뿌리내리기 전에 걸러내서 의지력을 키워야 한다. 힐은 이처럼 해로운 성향을 인정하기가 매우 어렵다고 말한다. 대부분의 사람들은 자신이 다른 사람들의 영향을 받고 있다는 사실을 의식하지 못하고, 의식한다 해도 종종 그 사실을 인정하지 않으려 하기 때문이다. 그러므로 당신의 약점을 건드리는 부정적인 영향력에 가장 쉽게 전염될 수 있다는 사실을 명심하기 바란다. 예컨대 위험을 감수하기 두려워하는 사람은 그러한 두려움을 부추기는 메시지에 쉽게 휘둘린다. 자신의 이러한 취약성을 인지하면 위험 감수에 대한 두려움을 강화시키는 메시지들을 주저 없이 받아들이기보다는 그 진실성을 조사해 보면서 좀 더 비판적으로 받아들일 수 있다.

취약성에 대응하는 또 다른 방법은 부정적인 사람들을 피하고, 당신을 위해 생각하고 행동하라고 격려해주는 사람들하고만 어울리는 것이다. 흔히 말하듯, 당신이 주로 어울리는 사람들 5명의 평균이 당신 자신이다. 더 나아가서 부정성과 언론의 광기에 사로잡힌 사람들과 많은 시간을 보내면, 당신도 그러한 두려움을 퍼뜨리는 사람이 될 가능성이 크다. 부정적인 영향력에 쉽게 전염되는 사람은 자기 삶의 통제권을 외부 세력에 넘긴 채 단순한 선전 매체로 전락해 버린다.

그렇다고 취약성을 완전히 무시하면, 그것은 족쇄가 되어 당신을 두려움의 포로로 만든다. 그렇기 때문에 밖으로 드러내야 그에 맞설 수 있는 면역력의 벽을 마음속에 세울 수 있다. 당신이 다른 사람들의 부정적인 영향력에 얼마나 취약한지 알고 싶다면 이 책의 부록을 참조하기 바란다. 그 평가 결과를 바탕으로 방어벽을 세워서 당신의 마음가짐과 삶의 궤도를 보호할 수 있다.

두려움의 일곱 가지 유령들

"모든 인간은 자신의 마음을 완전히 통제할 수 있는 능력을 지니고 있다." 나폴레온 힐이 자신의 저서에서 한 말이다. 운명의 주인이 되어서 마음의 막강한 힘을 이용해 꿈을 실현시키고 싶은가? 그렇다면 먼저 기본적인 일곱 가지 두려움 중 무엇에 가장 취약한지를 알아내야 한다. 그중 하나라도 당신의 잠재의식에 깃들어 있다면 힐이 '육감'이라고 말하는 것이 제대로 기능하지 못한다. 여기서 '육감'이란 당신의 열망을 실현시키기 위해 구체적인 계획들을 세우도록 해주는 창의적 상상력을 의미한다. 두려움에 사로잡히면 관점이 지나치게 좁아져서 사방에 널린 기회들을 보지 못한다. 그러므로 두려움의 유령들을 무력화시키기 위해서는 그

정체를 밝히고, 그러한 두려움이 미래를 걸만한 실체가 아니라 신뢰할 수 없는 감정임을 깨달아야 한다. 아주 흔한 일곱 가지 두려움은 아래와 같다. 그 외에 다른 두려움은 이 일곱 가지 범주에 포함시킬 수 있다.

1. 가난에 대한 두려움
2. 비판에 대한 두려움
3. 질병에 대한 두려움
4. 실연에 대한 두려움
5. 자유의 상실에 대한 두려움
6. 노화에 대한 두려움
7. 죽음에 대한 두려움

가난에 대한 두려움

가난에 대한 두려움은 다스리기가 가장 어렵기 때문에 기본적인 일곱 가지 두려움 중에서 가장 파괴적이다. 가난은 한 사람의 자아를 망가뜨리고 고통 속으로 몰아넣는다. 인간은 그러한 가난의 고통을 잘 알고 있

두려움은

미래를 걸만한

실체가 아니라

신뢰할 수 없는

감정이다.

을 뿐만 아니라 남을 이용해서 경제적 이득을 얻으려고 한다. 이러한 성향 때문에 가난에 대한 두려움이 인간의 본성에 깊이 뿌리박히게 된다. 힐은 이 두려움에 대해 아래와 같이 설명했다.

"가난에 대한 두려움은 이성을 마비시키고, 상상력을 파괴하고, 자기신뢰를 죽이고, 열의를 약화시키고, 진취성을 꺾어버리고, 목표를 흐려놓고, 미루는 버릇을 부추기고, 그리고 자기 통제력을 무력화시킨다. 또한 개성을 빼앗고, 정확한 사고력을 파괴하고, 집중력을 흩트리고, 인내심을 줄이고, 의지력을 없애고, 야망을 부수고, 기억을 흐려놓고, 상상할 수 있는 모든 형태의 실패를 불러온다. 우리가 원하는 모든 것들이 넘쳐나고, 명확한 목표만 있다면 바라는 것을 모두 얻을 수 있다는 명백한 진실에도 불구하고, 두려움은 그 모든 파괴력을 행사한다."

가난에 대한 두려움에 사로잡혔을 때 가장 흔히 나타나는 증상들은 이렇다. 지나친 의심에 휩싸이거나 자주 남을 비판한다. 낭비하거나 절제하지 못하는 자기파괴적인 행동을 일삼는다. 혹은 지나치게 신중을 기하다가 아무런 행동도 취하지 못하는 바람에, 사업 기회를 놓치거나 꿈을 좇지 못한다. 재정적 자원이 부족하다는 생각에 분노가 치솟아 창의성과 책임감, 인내심을 잡아먹는다. 부를 축적할 계획을 세우기보다는 은행 잔고에 집착하느라 시간을 허비한다. 자신은 빈둥거리면서도 두려움을 극복해서 성공한 사람들을 못마땅하게 생각하고, 인색하고 신랄하거나 무절제하고 무관심한 성향의 부정적인 인격을 키워나간다.

1929년 월스트리트 대폭락 사태 당시 대중의 반응을 보면 두려움이 얼마나 끔찍한 결과를 낳는지 확실히 알 수 있다. 당시 대중의 반응은 경제적 위기를 악화시켰고, 결국 대공황을 불러왔다. 힐은 이렇게 설명했다.

"미국 사람들은 1929년 월스트리트 대폭락 사태 이후로 가난을 생각하기 시작했다. 그러한 대중의 생각은 천천히, 확실하게 그에 상응하는 물질적 형태를 갖추어 나갔고, 그 결과물이 바로 '불황'이다. 그것은 자연의 법칙에 따라 일어날 수밖에 없는 사태였다."

자연의 법칙이 왜 가난에 대한 두려움을 확산시켜서 경제 불황을 초래할까? 이것은 자기암시나 반복되는 감정적 생각이 매우 강력해서 잠재의식을 프로그래밍하는 것과 같은 이치다. "모든 생각은 그에 상응하는 물질적 형태를 갖추는 성향이 있다." 가난에 대한 두려움은 절대 재정적 이득을 낳을 수 없다. 경제적 어려움과 제약만 초래할 뿐이다.

비판에 대한 두려움

정성스럽게 큐레이팅 해놓은 소셜 미디어 피드, 반향실처럼 같은 생각만 증폭시키는 인터넷을 둘러보면 비판에 대한 두려움이 오늘날 우리 사회에 얼마나 널리 퍼져있는지 알 수 있다. 힐은 자신의 터무니없는 행동을 정당화하려고 남을 공격하는 성향 때문에 비판에 대한 두려움이 생겨난다고 말한다. 다시 말하면 다른 사람을 깎아내려서 자신을 돋보이려 하기 때문에 비판을 두려워한다는 것이다. 비판에 대한 두려움은 남의 기분을 맞춰주려는 성향, '황새를 따라잡으려는' 충동, 지배적 신조와 이야기를 비판 없이 그대로 받아들이는 성향을 초래한다. 특히 사랑하는 사람한테서 부정적인 피드백이나 냉소를 받을지도 모른다는 두려움은 사람을 망가뜨린다. 이러한 두려움은 부모의 가혹한 비난을 받고 자라 열등감을 갖고 있는 사람들에게 더욱 깊이 뿌리 박힌다. 그러므로 부모와 리더들은 비판이 두려움과 분노만 심어줄 뿐이라는 사실을 명심해야 한다. 반면 사랑과 건설적인 피드백은 가치 실현의 바탕이 되는 진정한 자기개선 욕구를 심어준다.

비판에 대한 두려움이 더욱 악화되면 개개인의 창의성을 약화시키고, 스스로 생각하는 능력을 파괴하고, 진취성을 약화시킨다. 또한 자의식에 영향을 끼쳐서 사회적 어색함과 수줍음이라는 형태로 표출된다. 예컨대 중요한 문제들에 관해 확실한 입장을 취하고 표현해야 할 때 우유부단해지고, 열등감에 사로잡혀 외모에 지나치게 신경 쓰고, 다른 사람을 의식해서 사치를 일삼는다. 진취성 부족으로 미루는 버릇이 생기고, 조금이라도 대담한 행동을 취했다가는 비난을 받을까 봐 걱정한다.

질병에 대한 두려움

인간은 자신의 죽음을 직시하기 싫어한다. 이런 사실이 변하지 않는 한 질병에 대한 두려움은 노화와 죽음에 대한 두려움과 마찬가지로 어느 순간 나타나기 마련이다. 인간의 잠재의식은 생각을 실현시킨다. 특히 극히 감정적인 생각이 실현된다. 그렇기 때문에 "질병에 대한 두려움은 두려워하는 그 질병의 실제 증상을 발현시킨다." 이밖에도 다양한 증상이 나타난다. 예컨대 유행하는 건강요법에 중독되고, 심기증에 걸리고, 면역체계가 약화된다. 또한 병에 걸렸거나 걸릴 것 같아서 실패할 것 같다고 변명하고, 병의 원인을 찾기보다는 술이나 다른 마약에 의지해서 불편한 증상을 억누르려고 하다가 무절제에 빠진다.

팬데믹 상황에서는 질병에 대한 두려움이 극단적으로 치솟아 사람들이 두루마리 화장지와 손 소독제, 마스크를 사재기했다. 〈내셔널 지오그래픽Naional Geographic〉에서는 이러한 '공황 구매panic buying'가 자신의 생존 여부를 통제하고자 하는 진화적 반응이라고 했다. 그렇지만 공황은 건설적 상태에서 파괴적 상태로, 통제 상태에서 광란 상태로 전환되는 두려움이다.

팬데믹 상황에서는 주로 언론매체 때문에 공황 상태가 발생한다. 언론매체가 질병 확산 사태를 기회로 삼아 사람들의 두려움을 부추겨서 수익을 벌어들이기 때문이다. 힐은 1918년 스페인 독감 사태로 이러한 사실을 깨우쳤다.

세계대전 당시 '독감'이 대유행했을 때 뉴욕 시장은 질병에 대한 두려움을 자극해 스스로를 망가뜨리는 행태를 막으려고 극단적인 조치를 취했다. 신문기자들에게 이렇게 요청한 것이다. "여러분, '독감' 대유행에 관한 공포를 유발하는 헤드라인은 삼가주시기 바랍니다. 여러분의 협조가 없다면 우리 모두가 통제할 수 없는 상황에 처하고 말 것입니다." 이에 신문사들은 '독감'에 관한 기사를 싣지 않았고, 그로부터 한 달 내에 대유행은 성공적으로 진압되었다.

언론은 공포를 유발하는 기사를 반복적으로 내보내서 시청자들의 이성적 추론 능력을 마비시킨다. 결국 시청자들은 아드레날린 수치를 올리는 뉴스에 완전히 중독되어 의존하게 되고, 자신의 나태함을 정당화한다. 인간의 두뇌는 심각한 불안을 마주할 때 '가용성 편향

availability bias(자신의 경험이나 자신에게 익숙한 것을 토대로 세계를 그려내는 경향 - 옮긴이)'을 발동시켜 스스로를 보호한다. 가장 접하기 쉬운 정보, 즉 반복되는 신문 기사를 찾아서 그에 의존하는 것이다. 그렇기 때문에 대유행 시기에는 접할 수 있는 정보량을 제한하는 것이 좋다. 그래야 질병에 대한 두려움 때문에 정신 건강이 나빠지고 일상적인 일을 하지 못하는 사태를 막을 수 있다. 뿐만 아니라 명확한 핵심 목표를 계속해서 추구할 수 있다.

실연에 대한 두려움

사랑에 빠진 사람은 보통 사랑하는 사람을 죽음이나 다른 누군가에게 빼앗길까 봐 두려워한다. 이러한 두려움은 여러모로 심신을 더없이 약화시킬 수 있다. 감각 정보 처리 방법을 왜곡시키고 정신 건강에 영향을 미쳐서 현실 인식을 완전히 바꿔놓기 때문이다. 흔히 질투심이나 부당한 의심이 그런 식이다. 이러한 두려움에 잠식당한 사람들은 연인만이 아니라 모든 사람들을 지나치게 비판적으로 바라보며 흠잡기에 바쁘고, '사랑을 사려고' 낭비를 일삼으며, 상대가 먼저 바람을 피울까 봐 두려워서 불륜을 저지른다. 뿐만 아니라 소중한 사람을 밀어내서 그 사람과의 관계를 망쳐놓는다. 결국에는 실연을 두려워하는 게 당연하다는 생각에 빠지기 쉽다.

자유의 상실에 대한 두려움

인간은 독립성의 가치를 높이 평가하기 때문에 자유를 위협받으면 극단적인 투쟁도피 반응을 보인다. 인권침해를 당할까 봐 두려워서 자신과 정치적 견해가 다른 사람들과 다투고, 어떤 이견이든 자기 존재에 대한 개인적 공격으로 받아들인다. 공적 생활과 사적 생활 모두에서 경제적 독립성을 잃을까 봐 두려워 모험을 하지 않는다. 신체를 마음대로 움직일 수 없는 삶을 상상하기 두려워서 장애나 노화에 관한 이야기를 회피한다. 결과적으로 이러한 두려움에 사로잡히면 자신의 목소리를 내지 못할 경우 분노에 잠식되기 때문에, 다른 사람들과 좋은 관계를 맺기 어렵다.

이 두려움에 사로잡힌 사람들은 외부 사람이 자신을 통제하려고 한다는 의심에 사로잡혀 자기 안으로만 파고드는데, 그 과정에서 오히려 자신의 통제권을 남에게 넘겨버리기 십상이다. 자기 주변에 방어벽을 쌓아올려서 협력과 타협, 계산된 위험 감수를 통해 얻을 수 있는 기회들을 놓치는 것이다. 자신의 세계관을 보호하려고 하다 보니, 편견과 독단, 혹은 편협한 견해에 사로잡히기 쉽고, 자기 삶에 대한 통제권을 공고히 하려고 오히려 엄격한 일상을 유지하는 통제적 행동을 보이기도 한다. 모든 일에 무관심해지거나 결과가 두려워서 그 어떤 계획도 실행하지 못하며, 다른 사람들과 협력하려고 하지 않거나 협력하지 못해서 사회적으로 고립된다.

노화에 대한 두려움

노화에 대한 두려움은 나이가 들수록 심해진다. 가난에 대한 두려움과 사후에 대한 걱정과 맞물려 찾아든다. 또한 다른 사람들이 자신의 유산을 노린다는 의심,

병에 걸리고 삶의 질이 나빠질지도 모른다는 걱정, 성적 매력과 활동 감소에 대한 두려움, 경제적 및 신체적 자유 상실에 대한 걱정이 노화에 대한 두려움을 낳는다. 특히 중년의 위기에 노화에 대한 두려움이 더욱 심각하게 나타날 수 있다. 혹은 '최고'의 시절이 지나갔다고 한탄하는 중년의 정신적 미성숙이 노화에 대한 두려움을 심화시킨다. 노화에 대한 두려움에 사로잡힌 사람은 열등감에 괴로워하거나 나이가 많아서 자신의 가치가 떨어졌다고 생각하고, 꿈을 좇기에는 너무 늦었다는 생각에 안주하려고 한다. 심신을 망가뜨리는 향수에 빠져 과거에 지나치게 집착하고 미래를 소홀히 한다. 만족스러운 미래를 만들어나가려고 분투하기보다는 이러면 좋겠다, 저러면 좋겠다는 생각에 빠져 낭비하는 시간이 얼마나 많은가? 하지만 최상의 삶을 살아가기에 늦은 때란 결코 없다.

죽음에 대한 두려움

죽음에 대한 두려움은 보통 죽음 그 자체가 아니라

최상의 삶을

살아가기에

늦은 때란 결코 없다.

사후에 어떻게 될지, 혹은 사후가 없다면 어떻게 될지에 대한 두려움에서 나온다. 죽음에 대한 두려움에 잡아먹힌 사람들은 잠재적인 생존 위협 요소에 괴로워하다가 급기야는 사는 것 자체가 두려워져서 삶을 놓치기도 한다. 흔히 죽음에 지나치게 집착하다 보면, 아무런 행동도 취하지 않거나 우유부단해지기 쉽다. 물질 소유에 지나치게 집착해서 사재기를 하거나 가난이 두려워 가족에게 아무것도 남겨주지 않는다. 죽음에 더욱 잘 대비할 수 있다는 생각에 종교적 광신도가 되거나 극단적 교리에 휩쓸린다.

죽음에 대한 두려움을 적절하게 이용하면 생산력을 크게 높일 수 있다고 힐은 말했다. 죽음을 현실로 받아들이는 순간, 죽음에 대한 생각이 사라지면서 명확한 핵심 목표를 달성하는 데 집중할 수 있기 때문이다. 힐은 죽음을 두려움의 대상으로 보지 않았다. 죽음이란 하나의 (생명이 있거나 없는) 물질에서 다른 물질로 이동하거나 '변화'하는 것이라고 생각했기 때문이다. 자연의 법칙에 따르면 죽음은 무로 돌아가는 것이 아니다. 에너지는 창조하거나 파괴할 수 없고 오직 다른 상태로 변하는 것이다.

눈에 보이지 않은 두려움의 일곱 가지 유령들은 오직 마음속에만 존재한다. 그럼에도 '실재하는 진짜' 적보다 인류에게 더욱 파괴적인 피해를 입혀왔다. 하지만 그러한 두려움을 성공의 원동력으로 이용하면 마음을 다스리고 건설적인 생각만 받아들일 수 있다. 이는 전적으로 인간의 의지에 달린 일이다.

두려움의 부차적 문제, 걱정

두려움이 널리 확산되면 걱정이라는 부차적 문제가 발생한다. 두려움이 잠재의식에 뿌리 깊이 파고들어서 무기력증과 우유부단을 키워 정신을 흐려놓을 때 걱정이 생겨난다. 걱정은 자신감을 파괴하고, 꿈을 실현시키는 행동 능력을 약화시킨다. 힐은 자신의 책에서 걱정의 네 가지 부정적인 결과를 제시했다. 첫째, 걱정은 다른 사람들에게 두려움을 전염시킨다. 둘째, 창의적 능력과 비판 능력을 마비시킨다. 셋째, 잠재의식 깊숙이에서 그에 상응하는 신체적 증상을 발현시킨다. 넷째, 부정적인 비호감 성격을 형성한다. 머릿속을 지배

하는 생각은 실제 삶 속으로 파고들기 때문에 걱정은 두려움을 현실로 실현시키는 성향이 있다. 이제 두려움과 걱정의 유령들로부터 벗어나 현재를 충실히 살면서 끔찍한 상황들을 이겨낼 해결책을 찾아보자.

두려움 극복 프로젝트

부록으로 실려있는 자기 분석 질문지를 작성하고 그 결과를 분석해 보자. 당신은 다른 사람들의 부정적 영향력에 얼마나 쉽게 영향받는가? 그러한 영향력을 차단하기 위해서 일상적인 행동을 어떻게 바꿀 것인가? 당신의 정신체계에 뿌리를 내리려는 부정적인 생각을 어떻게 인지하고 걸러내서 잠재의식을 보호할 것인가?

당신이 하고자 하는 일이 있다면,
말로 하기 전에 행동으로 보여라.

나폴레온 힐

Chapter

4

Napoleon Hill

힘의 물결

앞장에서 살펴봤듯이 두려움은 당신을 감정의 포로로 만든다. 여기에 환경적인 영향까지 가세하면 두려움이 공황 상태와 히스테리 상태로 악화된다. 두려움에 사로잡히면 추진력과 창의성, 성공 기회를 이용하려는 용기가 부족해진다. 또한 무기력해지고 무관심해지며 현실에 안주하게 된다. 더 나쁘게는 두려움에 사로잡혀서 두려움과 걱정을 퍼뜨리는 사람이 된다.

하지만 사회의 잡음을 키워놓고 그걸 구실로 삼아 현 상태를 유지하려는 사람들은 이 세상에 필요 없다. 역경을 기회로 삼아 뭔가 새로운 것을 창조하고, 혁신을 통해 사람들에게 서비스를 제공하는 혁신가들이 필요하다. 랠프 월도 에머슨Ralph Waldo Emerson은 이렇게 말했다. "매일 두려움을 극복하며 살아가지 않는 사람은 삶의 교훈을 얻지 못한다." 이제는 당신 삶의 통제권을 되찾고, 힘의 물결 속으로 들어가 정신의 놀라운 창의적 능력을 이용해 성공을 이끌어나갈 때다.

습관을 통제하라

일곱 가지 기본적인 두려움과 여덟 번째 악마는 아무도 모르게 당신의 잠재의식 속에서 곪아 퍼져나갈 수 있다. 그러나 다행히 비교적 간단한 치유법이 있다. 힐은 이렇게 말했다. “이러한 균들을 치유하는 유일한 해독제는 즉각적으로 확실한 결정을 내리는 습관이다.” 두려움은 사람을 마비시켜 무행동 상태로 만들기 때문에 건설적 방향으로 나아가는 추진력을 키우는 것이 유일한 해결책이다. 힐은 이렇게 설명했다. “모든 적들 중에서 가장 사악한 두려움은 용기 있는 행동을 반복하므로써 효과적으로 치유할 수 있다.” 이러한 치료법은 노출 요법과 유사하게 단계별로 두려움을 직시해서 두려움의 감정적 힘을 무력화시키고, 그와 더불어서 두려움의 무해함을 보여준다. 다시 말해 두려운 상태에서 계속 행동을 취하면 두려움은 그 힘을 잃는다. 그 과정에서 두려움의 불합리성이 드러나고, 성공을 향해 한 발짝 한 발짝 나아가는 만족감이 치솟는다.

두려움과 부정적 영향력에 쉽게 전염되는 취약성은

대부분의 사람들은

자기감정의 주인이 아니라

하인으로 산다.

자신의 감정을 통제하는

체계적이고 확실한

습관을 형성하지

못했기 때문이다.

파괴적인 습관을 낳는 감정적 상태이며, 전적으로 통제할 수 있는 것이다. 그렇기 때문에 더 나은 새로운 마음가짐을 키워야 한다. 힐의 설명에 따르면 이러하다. "모든 인간은 습관의 집합체다. 자신이 직접 만들어내는 습관이 있는 반면 자기도 모르게 생겨나는 습관도 있다. 이러한 습관은 두려움과 의심, 걱정, 불안, 탐욕, 미신, 질투심, 증오에서 생겨난다." 생각 습관은 감정과 생각(결과적으로는 행동)과의 관계를 끊어서 통제하고 바꿀 수 있다. 여기서는 자기절제가 중요하다. 내외적 메시지가 자신의 감정에 미치는 영향을 포함해서 자기감정을 인식해야 자기절제가 가능해진다. 감정적 생각을 잠재의식에 침투하기 전에 중립화시키고, 두려움이 몰아가려는 방향의 정반대로 행동하는 것이다.

예컨대 전화 영업이 두렵다면 이렇게 해보자. 전화 영업에 대한 감정과 두려움(비판에 대한 두려움)을 밝혀내고 인정한다. 그러고 나서 숨을 깊이 들이쉬었다가 내쉬는 숨에 그 감정도 같이 내보낸다. 이어서 파괴적인 생각을 건설적인 자기암시(예컨대 '이 기회, 이 상품 등이 그 사람의 삶에 크나큰 가치를 더해줄 것이다'고 단언하는 것) 형태로 바꾼다. 마지막으로 두렵더라도 행동한다. 전화기를 들어 전화를 거는 것이다!

어떤 두려움에 잠식당해 있는가에 따라서 행동 계획을 달리할 수 있다. 예를 들어서 가난에 대한 두려움으로 고통받는 사람은 어떤 것이든 현재 갖고 있는 재정적 자원에 만족하고 감사하겠다고 마음먹을 수 있다. 재정적으로 궁핍한 시기에는 소비와 저축을 조절해서 마음의 평화를 찾을 수 있다.

비판에 대한 두려움과 씨름하는 사람들은 다른 사람들의 생각과 말, 혹은 행동에 신경 쓰지 않겠다고 결심할 수 있다. 자부심을 키워서 다른 사람들의 부정적인 말이나 태도를 대수롭지 않게 넘기고, 그에 구애받지 않고 행동할 수 있다.

질병에 대한 두려움은 적절한 영양공급과 운동, 자기 돌봄을 통해 신체와 정신을 돌보겠다는 다짐으로 치유할 수 있다. 특별한 증상이 있을 때는 실력 있는 의료 전문가를 찾아가 믿고 맡기겠다는 결정도 도움이 될 수 있다.

실연에 대한 두려움으로 괴로워하는 사람들은 연인이 있든 없든 상관없이 충만하고 의미 있는 삶을 살아가겠다는 다짐으로 그 두려움의 족쇄에서 벗어나 자유로워질 수 있다. 사랑하는 사람과의 관계가 돈독하다고 믿고, 자기 자신과의 관계와 우정을 돈독히 하면서 즐거움을 찾는 법을 배우면 정신적 괴로움에서 자유로워질 뿐만 아니라 배우자와의 유대감도 깊어진다.

자유의 상실에 대한 두려움은 역경을 닥치는 대로 다 받아들이고, 매일 스스로 결정하는 삶을 살겠다는 다짐으로 치유할 수 있다. 자신의 삶을 통제하면 다른 사람들의 의도를 지나치게 의심하지 않으면서 외부의 영향력에 저항하기가 훨씬 쉬워진다.

노화에 대한 두려움은 노화 과정을 받아들이고 그에 따라오는 지혜와 여가, 유산을 남길 수 있는 기회 등 다양한 이득을 즐기겠다는 다짐으로 치유할 수 있다.

마지막으로 죽음에 대한 두려움은 죽음을 피할 수 없다는 사실을 받아들이고, 사랑과 봉사, 발전의 열매를 맛볼 기회를 얻었다고 하루하루 감사하며 현재에 충실하게 살아감으로써 극복할 수 있다.

이러한 두려움들이 합쳐져서 걱정을 낳기 때문에, 최상의 치유법은 걱정할 가치가 있는 것은 세상 무엇도 없다고 단호하게 결정짓는 것이다. 걱정에서 생겨나는 끝없는 불안과 불만족보다 더 나쁜 것이 뭐가 있겠는가? 실제로 두려움과 걱정을 느끼는 경험 그 자체가 종종 당신이 두려워하는 것보다 훨씬 더 끔찍할 수 있다.

"내 생각은 부와 성공을 향해 흐른다"

습관은 힐이 '우주적 습관의 힘'이라고 명명한 자연법칙에 따라서 특정한 방향으로 삶을 이끌어준다. 자기암시 기능도 강화해 준다. 여기서 자기암시는 자발적으로나 비자발적으로 잠재의식에 생각을 불어넣어서 실현시키는 과정이다. 잠재의식은 감정적인 생각을 더욱 쉽게 받아들이고 실행한다. 그렇기 때문에 두려움이 그토록 파괴적인 힘을 발휘할 수 있는 것이다. 두려움은 부정적인 생각을 끌어들여서 잠재의식을 동원해 현실로 만든다. 결국은 부정적인 생각이 사고방식으로 고정되고, 더 나아가서 관점을 바꿔놓은 생각 습관을 더욱 강화시킨다. 예컨대 금전적 손실을 반복적으로 생각하면 가난에 대한 두려움이 사고방식으로 고정될 수 있다. 결과적으로 부자가 되기 위해 건설적으로 일하지 못하고, 잠재의식과 무한 지성을 이용해 부정적 기대를 충족시키는 계획을 세우게 된다.

힐은 인생이라는 거대한 강에 비유해서 성장이나 실패를 가속화시키는 힘에 대해 설명했다. 거대한 강과 같은 우주적 습관의 힘은 정반대로 흐르는 2개의 흐름, 즉 긍정적이고 부정적인 잠재력을 모두 지니고 있다.

"강에 비유할 수 있는 보이지 않는 위대한 힘의 흐름이 존재한다. 이 강의 한쪽 물줄기는 '부'를 향해 흘러가면서 그 물길에 들어선 모든 사람을 데려간다. 이 강의 다른 물줄기는 불행과 '가난'을 향해 흘러가면서 불운하게 그 물길에 들어선(그 물길에서 벗어나지 못하는) 이들을 휩쓸어간다."

이러한 원칙에 따라서 부정적인 생각을 걸러내고, 신념과 사랑 같은 긍정적 감정에 물든 건설적인 생각으로 그 자리를 채우자. 그러면 어떤 성공을 바라든 그 성공을 향해 흘러가는 물길을 타게 될 것이다. 힐은 이에 대해서 아래와 같이 상세하게 설명했다.

"생각 습관을 당신 뜻대로 형성할 수 있다면 무엇이

든 당신이 바라는 목적을 이룰 수 있다. 반면 생각 습관을 통제할 수 없는 환경에 방치해 둔다면 실패를 향해 흘러가는 인생의 거대한 강줄기를 타게 된다.

인생에서 바라는 것은 정신을 쏟아 부으면 얻을 수 있다! 마찬가지로 바라지 않는 것을 생각하면 어김없이 그것을 얻게 된다. 당신의 생각 습관은 당신의 마음이 생각하는 것을 먹고 자라난다."

두려움의 유령들을 물리치고, 다른 사람들의 부정적인 영향력으로부터 자신을 보호하고, 위대한 성공과 지속적이고 놀라운 성취를 가져다주는 생각 습관은 전적으로 당신 자신에게 달린 일이다. 이에 대해 힐은 이렇게 단언한다.

"당신의 의지력을 모두 발휘해서 당신의 마음을 완벽하게 통제하라. 당신의 마음은 당신의 것이다! 당신의 소망을 이뤄주는 하인이다. 당신의 동의와 협조 없이는 아무도 당신의 마음속에 들어가지 못하고, 당신의 마음에 조금의 영향도 미칠 수 없다."

두려움 극복 프로젝트

당신의 생각 습관을 일주일 동안 기록해서 분석해 보자. 건설적인 습관은 무엇이고, 파괴적인 습관은 무엇인가? 파괴적인 생각이 있다면 그 생각을 불러내는 보다 더 큰 두려움이나 부정적인 감정을 파악하고, 그 감정의 반대 방향으로(건설적으로) 행동하겠다고 결심하자. 새로운 생각 습관과 행동 습관을 실천하고, 그 진전 상태를 기록한다. 특히 전반적인 사고방식의 변화와 새로운 기회들을 기록한다.

자기감정의 주인이 될 때,
그리고 남을 돕는 과정 속에서
신성한 자기표현의 기술을 배울 때,
우리는 긍정적 사고방식을 키워나갈 수 있다.

_**나폴레온 힐**

Chapter

5

Napoleon Hill

마스터마인드 활용법

자신의 생각과 감정을 통제하는 것은 전적으로 자신에게 달린 일이지만, 이때 '마스터마인드mastermind' 원리가 큰 도움이 될 수 있다. 힐은 마스터마인드란 '명확한 목표를 달성하기 위해 완벽하게 조화를 이루고 협력하는, 두 사람 이상의 마음의 연합'이라고 정의했다. 이러한 연합을 통해, 우리는 '무한 지성의 위대한 저장고'에서 힘을 흡수할 수 있다. 무한 지성은 가장 강력하고 긍정적인 신념의 틀 안에서 사고하도록 우리의 정신을 계속해서 자극한다.

당신의 전문 지식과 경험을 복제하는 것이 아니라 보완해 주는 사람들과 조력 관계를 맺으면 창의적 상상력이자 영감의 원천인 육감을 크게 향상시킬 수 있다. 힐은 이렇게 설명했다. "모든 인간의 두뇌는 생각의 진동을 보내는 방송국이자 수신기이고, 마스터마인드 원리는 생각을 자극해서 행동으로 옮기는 효과를 발휘한다." 이때 효과를 얻는 방법은 두 가지가 있다. 그중 하나는 정기적 모임에서 아이디어를 교환하는 방법이고, 나머지 하나는 마스터마인드에 의해 형성된 '제3의 지성'을 이용하는 방법이다. 실제로 하나의 마스터마인드가 공동의 명확한 핵심 목표에 함께 매진하기만 해도 생각의 진동을 증폭시켜서 좀 더 수준 높은 사고에 접근하고, 창의적인 아이디어를 창출할 수 있다. 개개인은 마스터마인드를 통해 두려움과 걱정 같은 파괴적인 마음 상태를 극복하고, 역경을 혁신과 창조의 동기 유발 요소로 이용할 수 있다. 또한 마음의 평화를 무한 배당금으로 안겨주는 부의 궁극적 형태를 손에 넣을 수 있다.

번영을 가져다주는 조력 관계

힐은 특히 대규모로 발생하는 집단적 역경 속에서 개인 및 사회적 변화의 잠재력을 찾아낼 수 있다는 사실을 깨달았다. 이때 일시적 패배에 어떻게 대처하느냐에 따라서, 이 변화는 건설적이 될 수도 파괴적이 될 수도 있다. 힐은 불황과 세계대전 당시의 상황을 아래와 같이 묘사했다.

"핵전쟁의 위협으로 짙은 두려움이 피어오르고 있음에도 새로운 정신이 전 세계를 휩쓸고 있다. 실제로 사람들은 자신이 타인의 보호자임을 배우고 있다! …인류 역사상 이렇게 많은 사람들이 남을 돕기 위해서 시간과 에너지, 재산을 쏟아부었던 적은 결코 없었다."

공동의 역경과 불안을 마주하면 마스터마인드 효과를 완벽하게 발휘할 수 있는 기회가 생긴다. 사람들이 위기를 기회로 전환하고 혁신을 꾀하기 위해서 기술과 지식을 조합하려 할 때, 이는 자신뿐만 아니라 타인에게도 기회를 제공해 주고, 충족되지 못한 욕구를 채우도록 해준다. 그렇기 때문에 두려움과 걱정의 매우 효과적인 치료제는 봉사다.

타인에게 가치를 더해주는 일에 매진하면 두려움과 그밖에 다른 부정적인 감정에 사로잡힐 일이 없다. 힐은 "긍정적인 감정과 부정적인 감정이 동시에 마음을 차지할 수 없다"고 했다. 남에게 봉사하기만 해도 번영을 가져다주는 긍정적인 마음가짐을 키울 수 있을 뿐만 아니라, 건설적 생각을 다른 사람들에게 전염시켜 신념과 사랑, 희망, 관용과 같은 긍정적 감정을 증폭시킬 수 있다.

그러므로 우리가 두려움의 일곱 가지 유령을 이겨내려면, 마스터마인드 그룹을 잘 활용해야 한다. 만약 가난에 대한 두려움으로 괴로워하고 있다면 베푸는 삶을 살아보자. 그 순간 훨씬 더 부자가 된 것처럼 느껴질 것이다. 동시에 마스터마인드 그룹에서는 타인의 삶에 가치를 더해줄 방법을 함께 찾아보자. 어쩌면 그렇게 함으로써 부차적인 이익을 얻을 수 있을지도 모른다. 고객들에게 새로운 방식으로 봉사하는 방법을 모색할 수도 있고, 충족되지 못한 욕구를 해소시킬 상품을 만들

수도 있다.

비판에 대한 두려움에 고통받고 있다면 칭찬을 습관화하자. 마스터마인드 그룹에서는 봉사나 혁신을 통해 다른 사람들을 키워줄 수 있는 방법을 찾아보면서, 다음 질문의 답을 고민해 보자. 다른 사람들의 개인적 성장을 지원하는 가상 커뮤니티나 그밖에 다른 커뮤니티를 조성할 수 있는가? 교훈적인 책을 쓸 수 있는가? 좀 더 나은 사람이 된 것 같은 기분을 선사해 주는 상품이 있는가?

질병에 대한 두려움에 사로잡혀 있다면 병원에서 자원봉사를 하거나 직접 요리를 해서 아픈 사람에게 가져다주자. 마스터마인드 그룹에서는 사람들의 정신적 건강과 신체적 건강을 증진시켜 줄 방법을 찾아본다.

실연에 대한 두려움 때문에 괴롭다면 다른 사람들에게 사랑을 나눠주자. 마스터마인드 그룹에서는 서로가 서로에게 최고의 동반자가 될 수 있도록 격려하면서 관계 강화에 도움이 되는 방법을 찾는다.

자유의 상실에 대한 두려움으로 고통받고 있다면 교도소에서 자원봉사를 하거나 자신의 자유를 지키려는 사람들을 도와주자. 가족과 함께 보내는 시간을 침해

당하거나 필요한 자원을 제약당해 자유를 마음껏 누리지 못하는 사람들이 있다. 마스터마인드 그룹에서는 이처럼 자유를 제약당하는 사람들을 도와줄 방법을 찾을 수 있다.

노화에 대한 두려움을 견디기 힘들다면 실버타운에서 자원봉사를 하자. 마스터마인드 그룹에서는 이제 막 성공 여정을 시작한 사람들을 돕기 위해서 무엇을 할 수 있을지 생각해 본다. 조언자가 될 수 있는 기회를 찾아보는 것이다.

죽음에 대한 두려움으로 괴롭다면 사람들이 현재에 더욱 충실히 살도록 도와줄 방법을 찾아본다. 마스터마인드 그룹에서는 영속적인 유산을 남길 수 있을 방법을 논의해 본다.

두려움에 사로잡히면 고립된 것처럼 느껴질 수 있다. 하지만 다른 사람들과 협력해서 생산적인 방향으로 관심을 돌리면 자신뿐만 아니라 다른 사람들의 삶까지도 개선시키고 번영과 성장의 새로운 길을 찾을 수 있다. 마스터마인드 그룹은 두려움이 불러내는 우유부단과 의심에 더욱 잘 대처할 수 있기 때문에 명확한 행동 계획을 세우고 아이디어를 실현시킬 수 있다.

두려움의 손아귀에 당신의 인생을 맡기지 마라. 당신의 감정과 일시적 패배에 어떻게 반응할지는 당신이 결정할 수 있다! 명확한 핵심 목표를 달성할 수 있는 자신의 능력을 믿고 관점을 확대하면, 당신의 결단만을 기다리는 수없이 많은 기회를 발견할 것이다.

이제는 당신의 감정, 더 나아가서는 당신의 삶을 다스릴 때다. 이제는 당신에게 운명 지어진 개척자가 되어야 할 때다. 생각의 힘을 이용해서 두려움을 불굴의 용기로 바꿔라. 용기를 내서 꿈을 행동으로 옮겨라.

두려움 극복 프로젝트

어떤 두려움에 가장 괴로워하고 있는가? 만약 당신이 어떤 두려움을 가지고 있다면, 그 두려움을 생산적으로 전환하는 데 필요한 경험과 훈련, 교육, 전문 지식을 제공해 줄 수 있는 사람들로 마스터마인드 그룹을 구성하자. 예를 들어 혹시 사업에 고전하고 있어서 가난에 대한 두려움을 느끼는가? 그렇다면 새로운 서비스나 상품, 혹은 사업을 함께 구상할 수 있는 사람들을 당신의 업계 안팎에서 찾아보자. 그런 사람들로 마스터마인드 그룹을 구성하자마자 즉시 주간 회의 일정을 잡는다. 브레인스토밍 회의에서 나오는 모든 아이디어들을 기록하고, 당신의 사고방식을 정기적으로 점검한다.

부록 1

신념과 두려움에 관한 명언

- 신념은 무한 지성(혹은 종교에 따라 신)과의 소통을 허용한다. 반면 두려움은 사람을 옭아매고 소통을 차단한다.
- 신념은 에이브러햄 링컨을 낳고, 두려움은 알 카포네를 길러낸다.
- 신념은 위대한 지도자를 키워내고, 두려움은 굽실거리는 추종자를 낳는다.
- 신념은 영예로운 사람을 만드는 반면, 두려움은 부정직하고 남의 시선을 피하는 사람을 만든다.
- 신념은 최상의 모습을 찾아내고, 두려움은 단점과 결핍만 찾아낸다.
- 신념은 사람의 눈빛과 얼굴 표정, 어조, 걸음걸이에서 확연하게 드러나는데, 이는 두려움도 마찬가지다.

- 신념은 유익하고 건설적인 것만 끌어당기고, 두려움은 파괴적인 것만 끌어당긴다.
- 신념이 있으면 일이 잘되고, 두려움이 있으면 일이 틀어진다.
- 무엇이든 두려움을 초래하는 것은 면밀하게 분석해야 한다.
- 신념과 두려움은 가장 실용적이고 가장 자연스럽게 접할 수 있는 매체를 통해 물질적 실체로 구현되는 성향이 있다.
- 신념이 건설한 것을 두려움이 무너뜨린다. 이 순서는 절대 뒤바뀌지 않는다.
- 신념과 두려움은 절대 사이좋게 어울리지 못한다. 동시에 마음을 차지할 수도 없다. 이중 하나가 다른 하나를 언제나 그리고 반드시 지배한다.
- 직업에 상관없이 신념은 최고의 성취를 가져다주고, 두려움은 아무것도 성취하지 못하게 만든다.
- 두려움은 사상 최악의 공황 상태를 불러왔고, 신념은 그것을 몰아냈다.
- 신념은 영적인 힘을 신체 및 정신적 힘과 뒤섞는 자연의 연금술이다.

- 두려움과 영적인 힘은 물과 기름보다 더 상극이다.
- 신념은 모든 사람의 특권이다. 신념을 지니면 자신을 구속하는 현실의 제약 대부분과 상상했던 모든 제약이 사라진다.

부록 2

자기분석 질문지

나는 부정적 영향력에 얼마나 쉽게 전염되는가?

1. 종종 '기분이 나쁘다'고 불평하는가? 그렇다면 왜 그런가?

2. 사소한 도발에도 다른 사람들의 흠을 잡는가?

3. 일을 하다가 자주 실수를 하는가? 그렇다면 왜 그런가?

4. 대화 중에 냉소적이고 모욕적인 언사를 사용하는가?

5. 고의적으로 사람과의 관계를 회피하는가? 그렇다면 왜 그런가?

6. 소화불량으로 자주 고생하는가? 그렇다면 왜 그런가?

7. 인생이 헛된 것 같고, 미래가 절망적이라 느껴지는가? 그렇다면 왜 그런가?

8. 당신의 일을 좋아하는가? 그 이유는 무엇인가??

9. 자기연민에 자주 빠지는가? 그렇다면 왜 그런가?

10. 당신보다 뛰어나 사람들이 부러운가?

11. 성공이나 실패 중 무엇을 가장 많이 생각하는가?

12. 나이가 들면서 자신감이 증가하는가, 감소하는가?

13. 모든 실수에서 가치 있는 뭔가를 배우는가?

14. 걱정거리를 안겨주는 친척이나 지인을 주변에 두고 있는가? 그렇다면 왜 그런가?

15. 때로 '공상에 잠기거나' 혹은 깊은 실의에 빠지는가?

16. 당신에게 가장 큰 영향력을 발휘하는 사람은 누구인가? 그 이유는 무엇인가?

17. 부정적이거나 비관적인 영향력을 피하지 않고 참고 견디는가?

18. 당신의 외모에 무심한가? 그 이유는 무엇인가?

19. 걱정거리에 신경 쓸 틈도 없이 바쁘게 움직여서 '시름을 잊는' 방식을 이용하는가?

20. 다른 사람들에게 머리 쓰는 일을 맡긴다면 당신 자신을 받아들이기 힘든가?

21. 자동적으로 분노와 짜증 반응이 나타날 만큼, 내적인 점검을 소홀히 하지 않았는가?

22. 충분히 막을 수 있는 방해요소 때문에 짜증을 내는 일이 자주 있는가? 그렇다면 그 방해요소를 참고 견딘 이유는 무엇인가?

23. '신경을 진정시키려고' 술이나 담배 등에 의존하고 있진 않은가? 왜 자신의 의지력을 시험해 보지 않는가?

24. 누군가가 당신에게 '잔소리'를 하는가? 그렇다면 왜 그럴까?

25. 명확한 핵심 목표를 가지고 있는가? 그 목표는 무엇이며, 목표를 달성하기 위해 어떤 계획을 세웠는가?

26. 기본적인 일곱 가지 두려움 때문에 고통받고 있는가? 가장 크게 느끼는 두려움은 무엇인가?

27. 다른 사람들의 부정적인 영향력을 막을 수 있는 방법이 있는가?

28. 긍정적인 사고방식을 가지기 위해서 자기암시를 사용하고 있는가?

29. 물질적 부와 당신의 생각을 통제하는 특권 중에서 무엇을 가장 가치 있게 여기는가?

30. 당신의 판단에 반하는 다른 사람 의견에도 쉽게 영향을 받는가?

31. 오늘 당신의 지식 창고나 정신 상태에 가치 있는 뭔가를 더했는가?

32. 불행해지는 상황에 정면으로 맞서는가? 아니면 책임을 회피하는가?

33. 모든 실수와 실패를 분석해서 이로운 점을 찾아내려고 하는가? 아니면 그건 내가 할 일이 아니라는 태도를 취하는가?

34. 아주 해로운 자신의 단점 세 가지를 알고 있는가? 그 단점들을 고치기 위해 무엇을 하고 있는가?

35. 동정심 때문에 다른 사람들의 걱정거리를 대신 떠안고 있지는 않은가?

36. 일상생활에서 당신의 개인적 성장을 도와주는 교훈이나 영향력을 선별해서 취하는가?

37. 당신의 존재가 다른 사람들에게 부정적인 영향을 미치는가?

38. 다른 사람들의 습관 중에 가장 짜증나는 것은 무엇인가?

---

39. 스스로 자기 의견을 내는가? 아니면 다른 사람들에게 휘둘리는가?

---

40. 모든 부정적인 영향력을 막기 위해서 마음의 보호막을 잘 작동시키고 있는가?

---

41. 신념과 희망을 불어넣어 주는 일을 하고 있는가?

42. 모든 두려움에서 자유로워질 수 있을 정도로 강력한 당신 내면의 영적인 힘을 인식하고 있는가?

43. 당신의 종교가 긍정적인 사고방식을 갖는 데 도움이 되는가?

44. 다른 사람들의 걱정을 나눠 짊어져야 한다는 의무감을 느끼는가? 그렇다면 왜 그런가?

45. '유유상종'이라고 생각하는가? 그렇다면 당신이 좋아하는 친구들을 분석해 보자. 그 분석 결과를 통해, 당신 자신에 관한 어떤 사실을 알아낼 수 있는가?

46. 당신이 어떤 불행을 겪었는데 그것이 친한 사람들과 관계가 있다면, 과연 어떤 연관성이 있겠는가?

47. 친구라고 믿는 사람이 사실은 당신에게 부정적 영향력을 미치는 최대의 적일 가능성이 있는가?

48. 당신에게 유익한 사람과 해로운 사람을 판단하는 기준은 무엇인가?

49. 당신의 친밀한 친구가 정신적으로 당신보다 월등한가? 열등한가?

50. 24시간 동안 아래 활동에 얼마나 많은 시간을 보내는가?

a. 일

b. 수면

c. 놀이와 휴식

d. 유익한 지식 쌓기

e. 시간 낭비적인 것들

51. 아래에 해당하는 지인은 누구인가?

a. 가장 많이 격려해 주는 사람

b. 가장 주의를 많이 주는 사람

c. 가장 낙담하게 만드는 사람

d. 여러 가지 방식으로 가장 많이 도와주는 사람

52. 가장 큰 걱정은 무엇인가? 왜 그런 걱정을 하는가?

53. 누군가가 청하지도 않은 조언을 대가 없이 해줄 때 의심 없이 받아들이는가? 아니면 그 동기를 파헤쳐 보는가?

54. 세상에서 가장 간절하게 열망하는 것은 무엇인가? 그 것을 성취하기로 마음먹었는가? 다른 모든 소망들은 기꺼이 뒷전으로 미룰 수 있는가? 그 소망을 이루기 위해서 하루에 얼마나 많은 시간을 투자하는가?

55. 중간에 마음을 바꾸는 일이 종종 있는가? 그렇다면 왜 그런가?

56. 보통 시작한 것을 끝까지 해내는 편인가?

57. 다른 사람들의 사업이나 직함, 학위, 혹은 재산에 쉽게 영향받는가?

58. 당신에 대한 다른 사람들의 생각이나 말에 쉽게 영향받는가?

59. 사회적 지위나 재산이 있는 사람들의 기분을 맞춰주는가?

60. 살아있는 사람들 중에서 가장 위대한 사람이 누구라고 생각하는가? 그 사람은 어떤 점에서 당신보다 월등하게 뛰어난가?

61. 지금까지 던진 질문들에 대해 생각하고 답하기까지, 어느 정도의 시간이 걸렸는가? (위의 질문 전체를 분석하는 데 최소 하루는 필요하다.)

이 모든 질문들에 솔직하게 답하면, 당신은 대다수의 사람들보다 스스로에 대해 훨씬 잘 알게 된다. 위의 질문들을 신중하게 살펴보고, 몇 달 동안 한 주에 한 가지씩 질문을 되짚어 보자. 그때마다 늘어나는 귀중한 지식의 양에 깜짝 놀랄 것이다. 위의 모든 질문들에 솔직하게 대답하기만 해도 많은 것을 얻을 수 있다. 확실하게 답할 수 없는 질문들이 있다면 당신을 잘 아는 사람들에게 조언을 구하자. 특히 당신의 기분을 맞춰줄 필요가 없는 사람들이 좋다. 그러면 그들의 눈을 통해 당신 자신을 바라보는 놀라운 경험을 할 수 있다.

당신이 절대적인 통제권을 쥐고 있는 것은 단 한 가지, 바로 당신의 생각이다. 이것은 인간에게 알려진 모든 사실 중에서 가장 중요하고 고무적인 사실이다! 이 신성한 특권은 당신의 운명을 통제하는 유일한 수단이며, 당신의 마음을 통제하지 못하면 아무것도 통제하지 못함을 기억하라.

우리가 두려워해야 할

단 한 가지는

두려움 그 자체이다.

_ 루스벨트 대통령 취임사 중에서, 1933년

두려움을 이기는 습관

1판 1쇄 인쇄 2022년 1월 10일
1판 1쇄 발행 2022년 1월 20일

지은이 나폴레온 힐
옮긴이 이미정

발행인 황민호
본부장 박정훈
책임편집 김순란
기획편집 강경양 한지은 김사라
마케팅 조안나 이유진 이나경
국제판권 이주은 한진아
제작 심상운

발행처 대원씨아이㈜
주소 서울특별시 용산구 한강대로15길 9-12
전화 (02)2071-2017
팩스 (02)749-2105
등록 제3-563호
등록일자 1992년 5월 11일

ISBN 979-11-362-9468-5 03190